湖北省博物館
HUBEI PROVINCIAL MUSEUM

湖北省博物馆少儿绘本丛书

博物馆里的节日

冬至

主编 钱 红

WUHAN UNIVERSITY PRESS
武汉大学出版社

"湖北省博物馆少儿绘本丛书"编委会

《博物馆里的节日》编委会

前　　言

越来越多的小朋友走进博物馆，爱上博物馆，爱上博物馆里的文物故事。为此，我们精心打造了《博物馆里的节日》，将 14 个传统节日、7 个公历节日，分别与湖北省博物馆里的 21 件文物瑰宝链接起来。我们精心设计了湖北省博物馆的文物守护精灵“北北”，还有她的好朋友“湖湖”，让他们带着大家一起穿越时光，了解每个节日的由来；体验每个传统节日的习俗，这些习俗都是中华民族在漫长的历史长河中不断凝聚的宝贵财富，值得我们传承；配上了与文物相关的成语故事、神话故事或历史故事；设置了有趣的“互动问答”，让小朋友在轻松愉快的氛围中学习科普知识。小朋友还可以邀请家长扫描书中的二维码，拓展更广阔的“悦读”空间，了解更多的传统文化，让先民留给我们的精神财富得以传承和弘扬。

钱红

2022 年 11 月

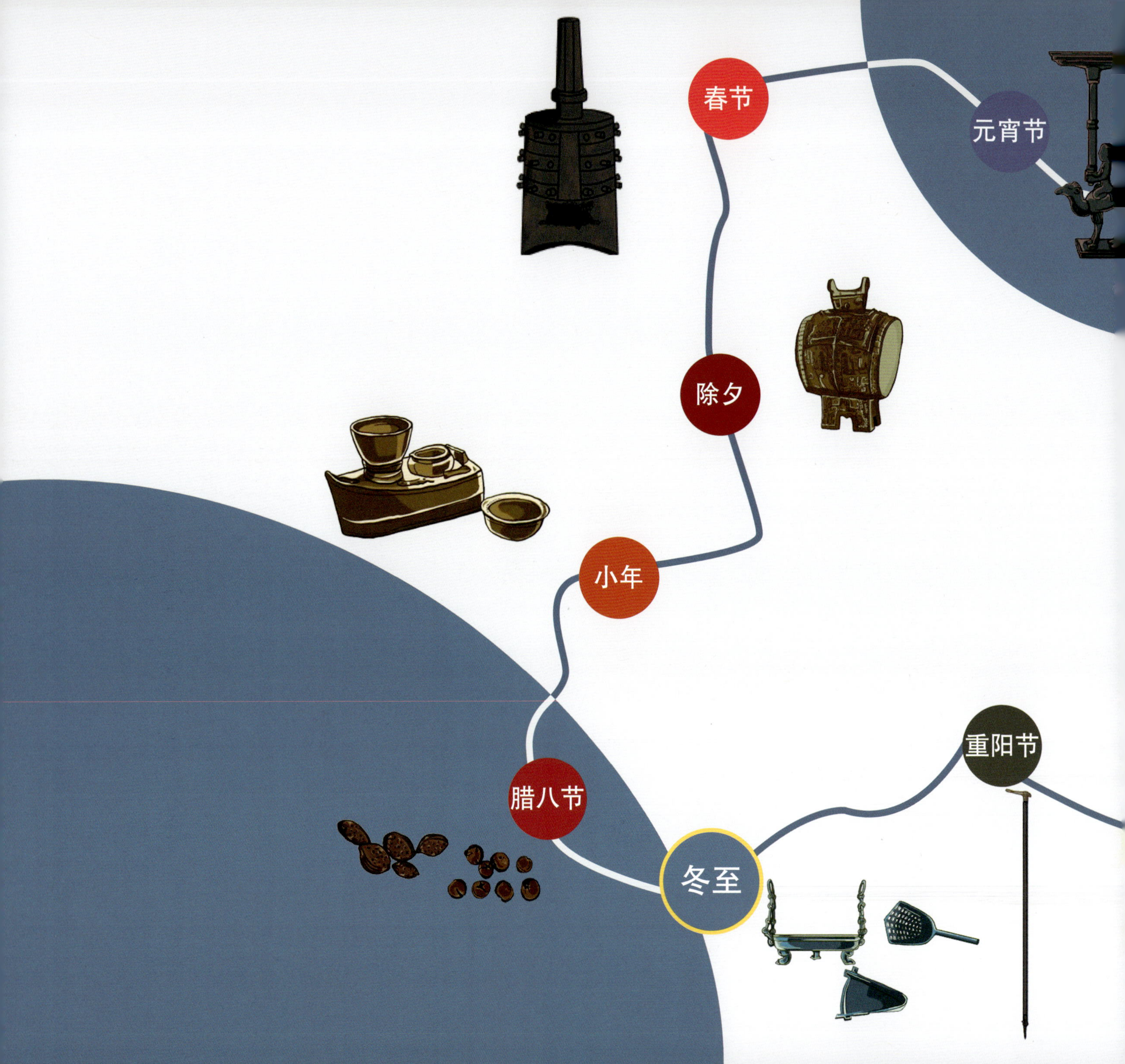

春节
元宵节
除夕
小年
腊八节
冬至
重阳节

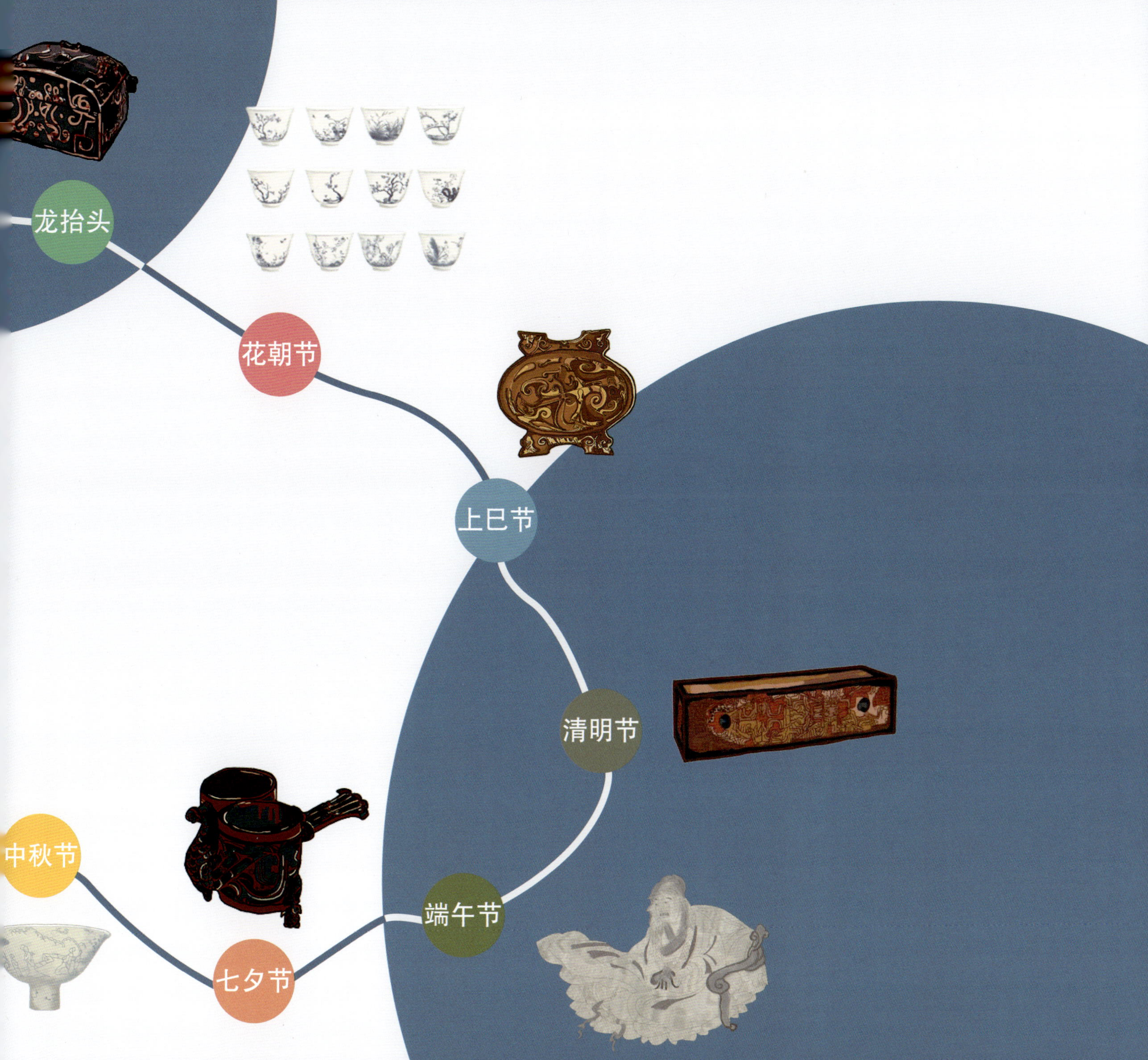
龙抬头
花朝节
上巳节
清明节
端午节
七夕节
中秋节

你好！我叫北北，是湖北省博物馆的文物守护精灵。我可以穿梭时光，带你体验不一样的博物馆节日氛围。旁边是我的好朋友——湖湖。

我们都喜欢湖北省博物馆里的文物，也喜欢听文物背后的故事！这些故事和我们传统节日也有关哦！

冬至阳生春又来

——冬至

这里的景物与故乡相差无几！

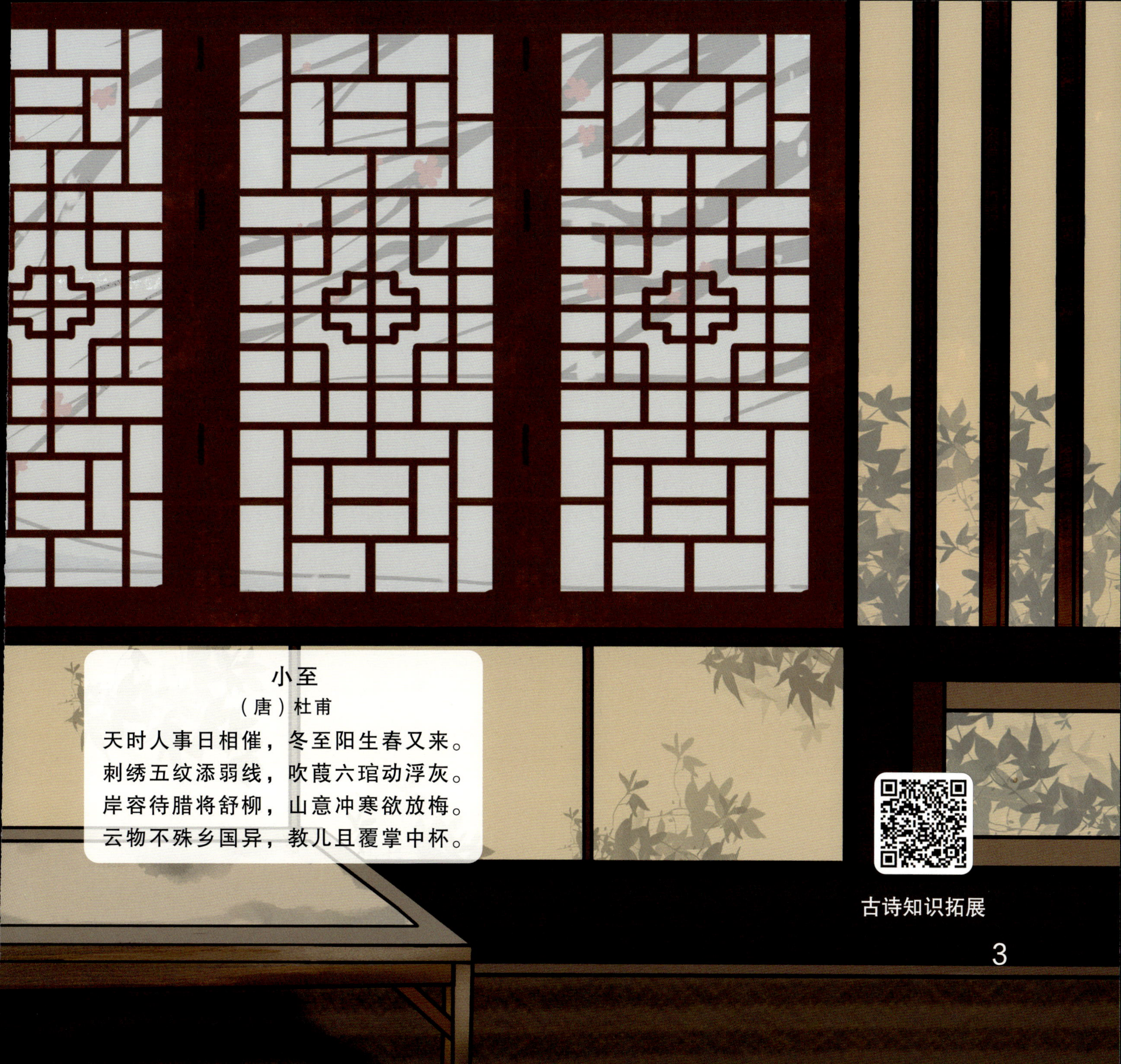

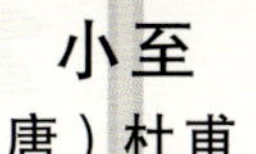

小至

（唐）杜甫

天时人事日相催，冬至阳生春又来。
刺绣五纹添弱线，吹葭六琯动浮灰。
岸容待腊将舒柳，山意冲寒欲放梅。
云物不殊乡国异，教儿且覆掌中杯。

古诗知识拓展

节日由来

冬至又称冬节、亚岁，一般在阳历 12 月 21 日至 23 日之间，是北半球各地一年中白天最短的一天。冬至不但是中国传统的二十四节气之一，而且是冬季的大节日，民间有“冬至大如年”的说法。

节日由来知识拓展

大夫，有什么法子可以医治耳朵的冻伤吗？

吃“娇耳”可以治冻伤！

节日习俗

美食进补

冬天是养生进补的好时机。冬至时，北方吃饺子、喝羊肉汤，南方吃红糖糯米饭、汤圆、麻糍等。

数九

在我国民间广泛流传。从冬至日开始计算，当数到九个“九天”即九九八十一天，便迎来了万物生长的春季。

数九歌

一九二九不出手，
三九四九冰上走，
五九六九，沿河看柳，
七九河开，八九燕来，
九九加一九，耕牛遍地走。

这梅花真漂亮呀！

文物链接

曾侯乙铜炭盆、铜箕、铜漏铲

冬至时节非常寒冷，古人取暖一般是烤炭火。2400 多年前，曾侯乙这样的贵族会使用青铜铸造的炭盆烧炭，箕盛木炭或炭灰，用漏铲筛炭。这套取暖用具精美考究。

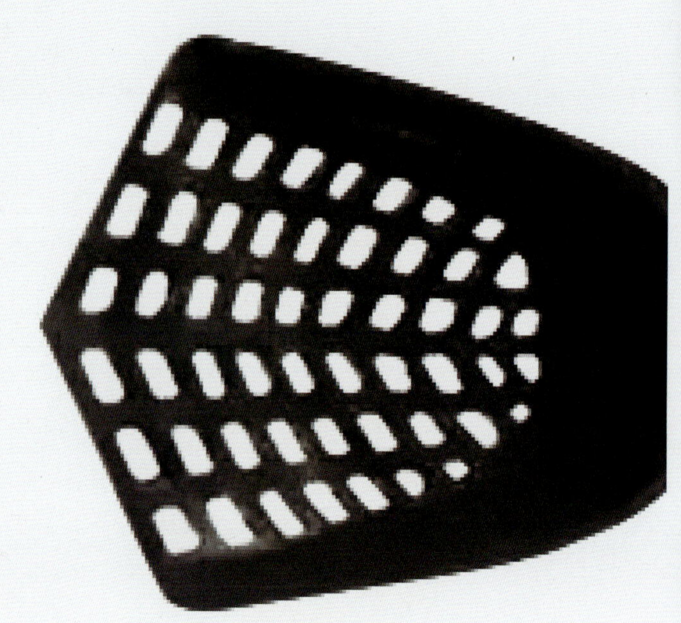

成语故事
雪中送炭：指下雪天给人送炭取暖，比喻在困难或危急时，给人物质或精神上的帮助。

互动问答

大家是不是对冬至有了一些了解呢？现在来和我一起看看后面的题目吧。

1. 以下不属于冬至俗语的是？（ ）

A. 冬至大如年
B. 冬吃萝卜夏吃姜
C. 种豆不怕旱，麦后有雨赶快搞
D. 阴过冬至晴过年

好耶！又可以扩展新知识了！

2. 下面哪些是冬至节气习俗？（ ）

A. 吃饺子　　B. 数九　　C. 赏花灯

3. 学习古人制作一张九九消寒图吧！

答案

图书在版编目(CIP)数据

博物馆里的节日.冬至/钱红主编.—武汉:武汉大学出版社,2023.5
湖北省博物馆少儿绘本丛书
ISBN 978-7-307-23746-9

Ⅰ.博…　Ⅱ.钱…　Ⅲ.节日—风俗习惯—中国—少儿读物　Ⅳ.K892.1-49

中国国家版本馆 CIP 数据核字(2023)第 078622 号

责任编辑:李　玚　　　责任校对:李孟潇　　　装帧设计:何家辉　颜　硕

出版发行:**武汉大学出版社**　(430072　武昌　珞珈山)
(电子邮箱:whu_publish@163.com)
印刷:武汉市金港彩印有限公司
开本:880×1230　1/16　印张:25　字数:157 千字
版次:2023 年 5 月第 1 版　　2023 年 5 月第 1 次印刷
ISBN 978-7-307-23746-9　　定价:298.00 元(全 15 册)